MINISTÈRE DE L'INSTRUCTION PUBLIQUE

CAISSE NATIONALE DES RECHERCHES SCIENTIFIQUES

L'ASSAINISSEMENT DES VILLES

ET LES PROCÉDÉS MODERNES

I0123199

D'ÉPURATION DES EAUX D'ÉGOUT

PAR

LE Dr A. CALMETTE

Membre correspondant de l'Institut et de l'Académie de médecine
Directeur de l'Institut Pasteur de Lille

BERGER-LEVRAULT ET Cie, ÉDITEURS

PARIS | NANCY
5, RUE DES BEAUX-ARTS | 18, RUE DES GLACIS

1905

L'ASSAINISSEMENT DES VILLES

ET LES PROCÉDÉS MODERNES

D'ÉPURATION DES EAUX D'ÉGOUT

MINISTÈRE DE L'INSTRUCTION PUBLIQUE

CAISSE NATIONALE DES RECHERCHES SCIENTIFIQUES

L'ASSAINISSEMENT DES VILLES

ET LES PROCÉDÉS MODERNES

D'ÉPURATION DES EAUX D'ÉGOUT

PAR

LE Dr A. CALMETTE

Membre correspondant de l'Institut et de l'Académie de médecine
Directeur de l'Institut Pasteur de Lille

BERGER-LEVRAULT ET Cie, ÉDITEURS

PARIS | NANCY
5, RUE DES BEAUX-ARTS | 18, RUE DES GLACIS

1905

L'ASSAINISSEMENT DES VILLES

ET LES PROCÉDÉS MODERNES

D'ÉPURATION DES EAUX D'ÉGOUT

Une circulaire de M. le ministre de l'intérieur, datée du 19 avril 1905 et relative à l'instruction des projets de construction d'égouts, rappelle aux municipalités des communes françaises que, conformément à la loi du 15 février 1902 sur la protection de la santé publique, le comité consultatif et les conseils départementaux d'hygiène ne sauraient accepter aucun projet de construction d'égout dans lequel les eaux recueillies seraient déversées, sans épuration préalable, surtout lorsqu'elles renferment des matières de vidange, dans un ruisseau, une rivière ou un fleuve.

Or, il arrive le plus souvent que les administrations locales, chargées d'établir un programme d'assainissement, sont très embarrassées dans le choix d'un procédé d'épuration.

Nous pensons leur être utile en exposant ici l'état de nos connaissances actuelles sur cet important sujet.

Il importe, en premier lieu, de bien définir ce qu'il faut entendre par le terme *épuration* des eaux d'égout. Longtemps on a confondu l'*épuration* avec la *clarification*. Or, la *clarification* des eaux résiduaires, comme celle des eaux potables, se borne à séparer mécaniquement ou à précipiter par des réactifs chimiques les particules flottantes non dissoutes ou coagulables. Elle ne réalise pas une véritable *épuration*, car elle laisse intactes toutes les substances organiques dissoutes, telles que les peptones, les amides, l'ammoniaque. L'eau qui renferme une proportion plus ou moins considérable de ces substances est *putrescible;* elle reste mal odorante; elle pollue les cours d'eau et elle est nuisible à la vie des poissons ou des plantes. On ne peut donc pas la considérer comme *épurée.*

Toutes les fois qu'on traite des eaux d'égout par la simple décantation ou par des réactifs divers : chaux, sulfate d'alumine, sulfate ferreux ou sulfate ferrique, chlorures ou hypochlorites alcalins, on fait de la *précipitation chimique;* on débarrasse l'eau des matières albuminoïdes coagulables et des corps flottants, mais l'*épuration* reste incomplète.

Pour réaliser une *épuration* véritable, il faut que les matières organiques soient entièrement décomposées et ramenées à l'état de *matière minérale,* c'est-à-dire de nitrates ou d'azote libre, d'acide carbonique, d'hydrogène ou d'hydrocarbures gazeux et d'eau.

Les seuls agents capables d'effectuer cette désintégration moléculaire des substances organiques sont les *microbes* ou la *combustion directe par le feu.*

L'emploi du feu est impraticable, puisqu'il faudrait évaporer d'abord les eaux d'égout, pour calciner ensuite leurs résidus secs, et que la dépense de combustible qui en résulterait serait énorme.

On ne peut donc s'adresser qu'aux *microbes,* qui sont les agents naturels de décomposition et de désagrégation de tous les détritus végétaux, des fumiers et des cadavres d'animaux que l'on enfouit dans la terre ou qui s'accumulent à la surface de celle-ci. Ce sont ces mêmes microbes qui réalisent d'ailleurs l'épuration dite *spontanée* des rivières ou des fleuves auxquels l'homme confie le soin d'éloigner de lui les déchets de la vie.

C'est grâce à eux aussi que, dans les procédés de l'*épandage,* le sol cultivé transforme les souillures de toutes sortes qu'on déverse à sa surface en éléments gazeux qui s'échappent dans l'atmosphère sous forme de vapeur d'eau, d'azote libre ou d'acide carbonique, et en nitrates de soude, de potasse ou de chaux qui servent d'aliments aux plantes.

Il était donc tout indiqué qu'à partir du moment où ce rôle des microbes nous fut révélé par la science, on cherchât à

L'épandage n'est donc possible que sur les terrains poreux, profonds et bien drainés.

Pour que l'épuration s'effectue, il faut en outre que le sol *fixe la matière organique dissoute, comme un tissu fixe une teinture,* et qu'il ne se laisse pas traverser trop rapidement par l'eau. Le sable mélangé d'un peu d'argile, de calcaire ou d'humus est beaucoup meilleur à ce point de vue que le sable pur à grains fins.

D'autre part, les microbes qui transforment la matière organique dissoute en nitrates étant essentiellement aérobies, il importe de ne jamais noyer pendant plusieurs heures de suite les terrains d'épandage. L'air doit y pénétrer en même temps que l'eau. Il faut donc proportionner les quantités d'eau d'égout déversées, de manière à ne jamais entraver la pénétration de l'air, et il est indispensable de ne pratiquer l'irrigation que par intermittences pour éviter le colmatage des couches superficielles par les matières organiques non dissoutes dont la décomposition est plus lente.

Les meilleurs terrains d'épandage, lorsqu'on y fait en même temps de la culture, ne peuvent absorber et épurer convenablement plus de 10 à 11 litres d'eau d'égout par mètre carré et par jour, ce qui correspond au chiffre adopté comme maximum par les décrets du 11 avril 1896 et du 30 mars 1899 pour la ville de Paris (40 000 mètres cubes par hectare et par an).

A Berlin, les terrains d'irrigation, formés de sable argileux, reçoivent seulement un volume d'eau quatre fois moindre (12 000 mètres cubes par hectare et par an, ou 3 litres 29 par mètre carré et par jour).

Si l'on ne veut point être exposé à sacrifier trop souvent les intérêts de la culture, on doit considérer ce taux de 12 000 mètres cubes par hectare et par an comme ne devant pas être dépassé. Or, une ville de 20 000 habitants produisant en moyenne, à raison de 100 litres par habitant et par jour (en faisant abstraction des eaux de pluie), un volume quotidien de 2 000 mètres cubes d'eau d'égout, doit pouvoir disposer, si elle veut faire de l'irrigation agricole, d'une surface de terrains culturaux d'au moins *60 hectares* ([1]).

----

1. Les lois sanitaires anglaises imposent un minimum de 27 mètres carrés par habitant (soit 54 hectares pour 20 000 habitants) aux villes qui pratiquent l'épuration de leurs eaux d'égout par le sol.

En supposant qu'une telle surface, suffisamment perméable, fût disponible à son voisinage, elle serait le plus souvent d'un prix trop élevé, d'autant qu'il faut encore tenir compte des frais d'aménagement, de drainage, d'entretien et d'exploitation d'un réseau très étendu de canaux souterrains pour la distribution des eaux sur toutes les surfaces à irriguer.

On comprend donc que ce système, malgré ses résultats incontestablement excellents, n'ait pu être adopté que par de grandes capitales comme *Paris, Berlin,* ou par quelques villes comme *Reims, Breslau, Fribourg-en-Brisgau, Danzig, Magdebourg, Odessa,* qui avaient à leurs portes de vastes terrains sablonneux ou calcaires, très absorbants et de peu de valeur.

Les villes de moindre importance, ou moins favorablement situées, sont dans l'impossibilité absolue d'y avoir recours.

D'autre part, il ne faut pas se dissimuler qu'on a commis une erreur en comptant, comme on l'a fait au début, sur le rôle épurant de la culture. On supposait que les plantes agissaient de deux manières en se développant : on pensait que la pénétration de leurs racines rendait le sol plus perméable, ce qui est exact; mais on croyait aussi qu'elles pouvaient utiliser pour leur nutrition une grande partie des matières organiques de l'eau d'égout. Or, la science a montré, depuis les acquisitions récentes de la physiologie végétale et de la bactériologie, que les plantes ne peuvent assimiler les matières organiques qu'à l'état de nitrates solubles. Il faut, pour que ces matières organiques servent d'aliments aux plantes, qu'elles soient préalablement *minéralisées* ou transformées en nitrates solubles par les actions microbiennes dues aux ferments figurés du sol. *Il y a donc tout avantage à réaliser cette transformation dans les eaux résiduaires* avant d'utiliser celles-ci pour l'irrigation.

On a également commis une erreur en cherchant à développer l'utilisation de l'eau d'égout dans la culture maraîchère. Outre que les terrains consacrés à cette culture ne peuvent absorber qu'une très faible quantité d'eau pendant les mois d'été, pour ne pas noyer les récoltes, il est manifestement contraire à l'hygiène d'épandre dans des sillons, au voisinage de légumes destinés pour la plupart à être mangés crus (céleris, salades, raifort, artichauts, etc.), des matières fécales non dissoutes qui se décomposent lentement à l'air et favorisent la dissémination, par les vents et par les insectes ailés, de toutes sortes de vers, parasites intestinaux (trichocéphales, oxyures, etc.), ou de bacilles pathogènes.

L'expérience ne prouve pas, il est vrai, que les habitants de Gennevilliers soient plus particulièrement frappés par les maladies contagieuses, depuis que les champs d'épandage existent ; mais rien ne démontre qu'ils n'en souffriraient pas cruellement si quelques cas de choléra, par exemple, survenaient un jour à Paris, et rien ne prouve surtout que les légumes apportés aux Halles ne contribueraient pas à diffuser rapidement une épidémie de cette nature.

Ces inconvénients peuvent et doivent être évités : on pourrait d'abord ne tolérer l'épandage des eaux d'égout que sur les prairies naturelles ou artificielles, ou sur des cultures fourragères qui permettent une large irrigation. Mais, comme il est vraisemblable que l'alimentation du bétail par des fourrages récoltés dans de telles conditions présente aussi certains risques (tels que la propagation de la fièvre charbonneuse, du tétanos ou de diverses épizooties), il est encore préférable d'y renoncer et de se résoudre à pratiquer tout simplement l'épuration par épandage intermittent sur sol perméable non cultivé.

*
* *

C) *Filtration intermittente.* — Les essais poursuivis depuis 1888 à la station d'expériences de Lawrence (Massachusetts, États-Unis) ont montré qu'il est possible d'obtenir par ce système des résultats excellents et qu'on peut épurer sur une même surface un volume beaucoup plus considérable d'eau d'égout.

En déversant l'eau par intermittences soigneusement réglées sur des lits de sable à gros grains, profonds d'environ 2 mètres et riches en microbes nitrificateurs, on parvient à brûler sur une surface de 1 hectare presque toute la matière organique contenue dans 1 350 mètres cubes d'eau d'égout par jour, ce qui correspond à 135 litres par mètre carré ou à une couche d'eau de 135 millimètres.

Le sol sableux du Massachusetts se prête admirablement à l'emploi de cette méthode de filtration intermittente, telle que l'avait préconisée Frankland dès 1870. Malheureusement, elle ne peut pas être appliquée partout : elle nécessite des surfaces

encore trop considérables (environ 1 hectare pour 2 000 habitants) et l'accumulation plus ou moins rapide des boues sur
les lits de sable rend indispensables de fréquents raclages ou
hersages et des périodes souvent longues de repos permettant
l'aération du sable dans toute sa masse.

Plusieurs villes américaines ont trouvé avantageux de combiner la filtration intermittente et l'utilisation agricole. La
ville de Brochton, par exemple, qui compte 40 000 habitants
et produit 5 600 mètres cubes d'eau d'égout par jour, évacue
celle-ci par un canal dans un bassin collecteur couvert, de
2 000 mètres cubes de capacité, à l'entrée duquel on enlève, à
l'aide de peignes mécaniques, toutes les grosses impuretés. De
ce bassin collecteur, les eaux sont envoyées par deux pompes
aux lits filtrants, qui occupent une superficie de $8^{ha}7^a$ et qui
sont éloignés de toute habitation. Les lits filtrants sont au
nombre de vingt-trois et remplis de sable dont les grains ont
de $0^{mm},04$ à $0^{mm},75$ de diamètre, sur une moyenne de $2^m,30$ de
profondeur. L'arrivée de l'eau sur chaque filtre dure environ
trente minutes. Quatre filtres sont spécialement affectés aux
eaux qui se sont accumulées pendant la nuit dans les tuyaux et
qui sont très riches en sédiments. On les nettoie après vingt
remplissages et on enlève de leur surface 1 700 tonnes de boues
par an. Celles-ci sont vendues aux agriculteurs. Les autres
filtres ont rarement besoin d'être labourés : on se contente
d'enlever les herbes qui y croissent. Quelques-uns d'entre eux
sont ensemencés chaque année avec du maïs, qui paraît être la
culture la mieux appropriée. En automne, on dispose la surface des lits en sillons, de sorte que la neige et la glace restent
en hiver dans les sillons, tandis que l'eau se répartit au-dessus.
La moyenne de température annuelle des eaux est de 10 à
12°. Par les froids les plus rigoureux, on a encore 7 à 8°. On
ne peut épurer par jour que 30 litres environ par mètre carré.
Les eaux brutes sont très impures ; elles renferment en
moyenne 70 milligrammes d'ammoniaque par litre et après
filtration elles n'en contiennent plus que 2 milligrammes. Le
coefficient de l'épuration est donc de 98 %. Les dépenses
de première installation se sont élevées à 1 062 000 fr. et les
frais d'exploitation annuels sont de 19 000 fr.

*
* *

D'une manière générale, on peut établir que le traitement des eaux d'égout par épandage avec utilisation agricole nécessite une dépense moyenne d'environ 2 fr. par an et par habitant, y compris l'amortissement des frais de première installation (le calcul effectué pour quinze villes anglaises donne exactement une moyenne de 2 fr. 14 par habitant et par an).

L'épuration chimique entraîne des frais plus considérables : 2 fr. 25 par habitant et par an (moyenne de cinq grandes villes anglaises).

Au point de vue économique, comme au point de vue de la perfection des résultats, il est donc manifeste que l'épandage agricole et, plus encore, la filtration intermittente sur sol perméable *non cultivé* présentent une supériorité considérable sur tous les systèmes d'épuration chimique actuellement connus.

Nous allons voir cependant, par les études qui vont suivre, qu'une solution beaucoup plus économique et plus facile, parce qu'elle est praticable partout, s'offre à nous par l'adoption des nouveaux procédés d'épuration exclusivement *biologique*.

Ces procédés s'appuient sur les acquisitions récentes de la science, relatives aux phénomènes de putréfaction et aux fonctions des microbes du sol arable comme agents de désintégration des matières organiques.

En précisant les conditions nécessaires à la vie des microbes capables, d'une part, de solubiliser les substances ternaires et quaternaires complexes que charrient les eaux d'égout et, d'autre part, d'en disloquer les molécules pour les ramener à l'état d'éléments minéraux simples, on devait théoriquement réaliser la destruction complète de tous les détritus humains, animaux et végétaux.

On pouvait donc concevoir un système idéal d'assainissement qui supprimerait les accumulations de boues encombrantes laissées par la précipitation chimique et qui permettrait de ne rendre au sol arable, aux rivières et aux fleuves que des eaux parfaitement limpides et imputrescibles, immédiatement utilisables, s'il le fallait, pour les besoins alimentaires, agricoles ou industriels de l'homme.

Les expériences poursuivies depuis dix ans, à la suite des importantes démonstrations faites par Dibbin, sir Henry Roscoe, Percy Frankland, Gilbert Fowler en Angleterre, par

Dunbar en Allemagne, par Hiram Mills et Kinnicut en Amérique, par nous-même en France, ont forcé l'attention des ingénieurs sanitaires de tous les pays.

Il ne reste plus actuellement qu'à élucider certains points de détail, à préciser les conditions d'application des différents systèmes proposés et à fournir aux administrations municipales les renseignements d'ordre technique dont elles ont besoin pour être en mesure de réaliser, sans plus tarder, les mesures d'assainissement qui leur sont imposées par la législation sur la protection des cours d'eau et par la loi sanitaire du 15 février 1902.

Le présent travail a pour objet la mise au point de cette documentation devenue indispensable, basée sur les résultats des expériences que nous avons effectuées, sous les auspices de la Caisse nationale des recherches scientifiques et du Consortium d'assainissement du nord de la France, à la station expérimentale de La Madeleine, près Lille, depuis le mois de juillet 1904.

II

PRINCIPES GÉNÉRAUX DE L'ÉPURATION BIOLOGIQUE ARTIFICIELLE

Le principe de tous les systèmes d'épuration biologique artificielle consiste à utiliser exclusivement les actions microbiennes pour *dissoudre* les matières organiques que renferment les eaux d'égout et pour désintégrer leurs molécules jusqu'à ce qu'elles soient ramenées à l'état d'éléments minéraux (nitrates, acide carbonique, hydrogène, eau, azote gazeux).

Le processus d'épuration est donc exactement le même que dans l'épandage agricole ou que dans la filtration intermittente sur sol perméable non cultivé. Dans l'un et les autres cas, les microbes interviennent. La seule différence — et elle est capitale — consiste en ce fait que, dans l'épuration biologique artificielle, on accélère, on règle et on série à volonté le travail des microbes, tandis que dans l'épandage agricole ou dans la filtration intermittente, les phénomènes s'accomplissent au gré des conditions atmosphériques et géologiques locales.

On peut très exactement comparer ces phénomènes à ceux que l'on observe dans la fabrication de la bière, par exemple : certains brasseurs, particulièrement en Belgique, laissent fermenter *spontanément* leurs moûts dans les tonneaux, sans y ajouter de levure. La transformation du maltose en alcool s'effectue alors avec une grande lenteur, et une partie de ce maltose ou de l'alcool formé se change en acide lactique ou en vinaigre, sans qu'on puisse empêcher cette mauvaise utilisation de la matière première.

Le plus grand nombre des brasseurs, au contraire, trouvent plus avantageux d'ensemencer immédiatement des levures alcooliques dans leurs moûts : ils achèvent ainsi la fermentation en un temps beaucoup plus court ; ils utilisent mieux leur matière première et obtiennent des produits de qualité parfaite.

L'épuration biologique artificielle présente les mêmes avantages : elle permet d'épurer, dans un temps très court et sur des surfaces très réduites, une quantité d'eaux d'égout infiniment plus considérable, avec des résultats au moins aussi satisfaisants.

On peut s'en faire immédiatement une idée en comparant respectivement les volumes d'eaux d'égout traités dans les champs d'épandage de Berlin (3 litres par mètre carré de surface et par jour) ou dans ceux d'Achères pour Paris (11 litres par mètre carré et par jour), avec ceux que l'on épure sur les *lits bactériens* de Manchester (1 mètre cube par mètre carré et par jour), soit 333 fois ou 90 fois plus, et 8 fois plus que dans la filtration intermittente sur sol perméable non cultivé.

De tels chiffres indiquent suffisamment l'intérêt que présente le problème, alors même qu'on n'envisagerait que le seul point de vue économique.

*
* *

L'épuration biologique artificielle des eaux d'égout comprend quatre phases bien distinctes :

1° La séparation des résidus solides *non putrescibles* (sable, gravier, charbon, débris de fer, de pierres, etc.);

2° La *dissolution* des matières organiques par fermentation anaérobie;

3° La *fixation* de ces matières organiques dissoutes, sur des substances capables de servir en même temps de supports aux microbes oxydants aérobies;

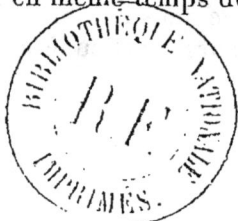

ASSAINISSEMENT DES VILLES   2

4° La transformation, par les microbes, de ces mêmes matières dissoutes et fixées, en *nitrites* puis en *nitrates* solubles.

Dans la première phase, purement mécanique, les microbes ne jouent aucun rôle.

L'épuration proprement dite ne commence qu'à la seconde phase, qui consiste à recevoir l'eau, débarrassée des corps minéraux non putrescibles, dans des bassins disposés en vue d'y permettre la pullulation rapide et abondante des ferments anaérobies. Les matières organiques putrescibles doivent y séjourner pendant un temps suffisant pour que leur dissolution complète s'effectue : les substances ternaires ou hydrocarbonées s'y décomposent en carbures d'hydrogène (formène), en acide carbonique et en eau ; les substances quaternaires ou azotées s'y désintègrent en peptones, en composés amidés solubles et en ammoniaque.

Au sortir de ces bassins, l'eau, ne contenant plus de matières solides en suspension, est dirigée sur ce qu'on appelle les *lits d'oxydation* ou *lits bactériens*. Ceux-ci, généralement constitués par une couche plus ou moins épaisse de scories ou mâchefer, ou de coke, ou de briques concassées, doivent être alternativement immergés ou aérés dans toute leur masse. Pendant les périodes d'immersion, les fragments de scories ou de coke fixent la matière organique dissoute, et cette troisième phase de l'épuration représente exactement un phénomène de teinture.

Pendant les périodes d'aération qui suivent les précédentes, les microbes nitrificateurs, dont la multiplication s'effectue très activement dans les anfractuosités des scories ou du coke, oxydent et nitrifient la matière organique fixée sur leurs supports, grâce à l'oxygène qu'ils empruntent à l'air atmosphérique. Cette quatrième phase de l'épuration termine le cycle. L'eau sort des lits, débarrassée de toute substance putrescible, et définitivement épurée.

Certains dispositifs permettent d'accomplir simultanément les **deux dernières phases** : nous les trouverons réalisés dans les systèmes d'épuration dite *continue*.

Dans les systèmes *intermittents*, connus sous le nom de *procédés de contact,* les deux phases restent au contraire nettement séparées.

Pour expliquer plus clairement au lecteur le mécanisme de l'épuration biologique artificielle des eaux d'égout, nous décrirons successivement un type d'installation par le procédé des lits de contact et un type d'installation par système continu pour une ville de 10 000 habitants.

III

PROCÉDÉ D'ÉPURATION BIOLOGIQUE PAR LITS DE CONTACT

Nous supposerons tout d'abord que la ville dans laquelle il s'agit d'instituer l'épuration est desservie par un réseau complet d'égouts, du système séparatif, et qu'elle dispose d'une pente de terrains suffisante pour conduire toutes les eaux-vannes par simple gravitation jusqu'à leur rejet, complètement épurées, dans un cours d'eau. Si cette pente n'existait pas, il faudrait prévoir le refoulement ou la propulsion mécanique, soit par les éjecteurs *Shone*, très appréciés dans un grand nombre de villes anglaises et dont le rendement est excellent, soit par des postes de pompes élévatoires ou de dynamo-pompes électriques, soit par tout autre dispositif mécanique que les circonstances locales permettraient de préférer.

Nous envisageons, d'autre part, l'hypothèse d'un système d'égouts séparatif, parce que ce système apparaît manifestement comme le plus conforme aux desiderata de l'hygiène et aux nécessités de l'épuration. On sait qu'il consiste à recueillir séparément, au moyen de canalisations en poterie vernissée ou en fonte, de petit calibre, les eaux-vannes ménagères et le produit des water-closets, les eaux pluviales étant collectées dans d'autres canaux souterrains en poterie ou en ciment et déversées dans les cours d'eau après une simple décantation. Ces dernières n'ont pas besoin d'être épurées : il suffit de les soumettre à une sédimentation qui a pour but d'arrêter les sables et les impuretés des rues. Leur volume est tellement variable, suivant les conditions atmosphériques, que leur mélange avec les eaux-vannes rend l'épuration de celles-ci extrêmement onéreuse et irrégulière. On doit donc les écarter, de propos délibéré, partout où il s'agit de construire un nouveau réseau d'égout. Nous verrons d'ailleurs, plus loin, comment les villes déjà pourvues d'un réseau unitaire — réunissant dans une même canalisation à grande section les eaux ménagères et les eaux pluviales — peuvent s'y prendre pour tourner la difficulté.

Supposons donc que nous ayons à épurer un volume d'eaux-vannes à peu près constant de *1000 mètres cubes par jour*, correspondant à une population moyenne de 10 000 habitants, à raison de 100 litres par habitant et par jour.

Ce chiffre de 100 litres par habitant et par jour représente l'ensemble de tous les *excreta* individuels et ménagers, c'est-à-dire les matières fécales, les urines, les eaux de cuisine et celles utilisées pour la propreté du logement et du corps : toilette, bains, chasses de water-closets, etc.

On compte, en calculant d'après les moyennes de tous les âges, que chaque individu produit quotidiennement 1 100 grammes d'urines et 90 grammes de matières fécales (à l'état frais), soit, en volume, environ 1 litre et demi d'excrétions([1]).

Les 10 000 habitants de notre ville fourniront donc un total de 15 mètres cubes d'excrétions (900 kilogr. de matières fécales et 11 000 kilogr. d'urines) contenant ensemble 800 kilogr. de matières organiques et minérales pesées à l'état sec.

Il faut ajouter à ces chiffres le produit des excrétions des animaux domestiques. Or, un cheval, par exemple, donne en vingt-quatre heures environ 15 kilogr. d'excréments (crottin et urine) contenant 0kg,100 d'azote et 1kg,500 de matières sèches. En estimant à 200 le nombre des grands animaux domestiques (chevaux et bovidés) dans une ville de 10 000 habitants, nous trouvons qu'il faut compter, de ce chef, un supplément de 300 kilogr. de matières organiques et minérales sèches.

Nos 1 000 mètres cubes d'eau d'égout quotidiens renfermeront donc, dans leur ensemble et largement calculés, 1 100 kilogr. de matières sèches (soit 1kg,100 par mètre cube) que nous devrons dissoudre, désintégrer et ramener à l'état de matière minérale.

Ces préliminaires essentiels étant fixés, voici comment il convient d'établir les dispositifs d'épuration biologique par le procédé des *lits de contact*.

L'extrémité de l'égout collecteur, *convenablement élargie*

---

1. Les matières fécales renferment 75 % d'eau et 22 % de substances organiques dont 3,5 de phosphate et 2,2 d'azote ; les urines 95 % d'eau, 0,5 de phosphate et 1,4 % d'azote.

pour amortir le courant, déversera tout d'abord son flot dans une double grille à peignes, sur lesquels seront retenus les corps volumineux ou flottants, d'une dimension supérieure à 5 centimètres.

Au delà de ces grilles, l'eau traversera avec un courant très faible, contrarié par des « chicanes », une chambre à sable, peu profonde, de 5o mètres cubes de capacité. Le fond de cette chambre à sable, incliné en sens inverse du courant, permettra aux résidus minéraux insolubles et imputrescibles (sable, charbon, scories, débris métalliques) de s'accumuler dans une cuvette qu'on aménagera près du point d'entrée et d'où il sera facile de les enlever périodiquement avec une chaîne à godets ou une drague à main ([1]). [Voir *fig.* I.]

*
* *

A) *Fosses septiques.* — Les eaux s'achemineront ensuite, avec une vitesse qui ne devra pas excéder 20 centimètres à la seconde, vers un canal qui desservira la série des *fosses septiques* ou bassins de fermentation anaérobie, dans lesquels devra s'accomplir la transformation des matières azotées en peptone, en composés amidés ou en ammoniaque, et la désintégration des substances ternaires (cellulose du papier et des végétaux, amidon, sucre, acides organiques, etc.) en hydrogène, en eau, en carbures d'hydrogène et en acide carbonique.

C'est dans ces fosses septiques que s'effectuera la dissolution plus ou moins lente, mais *totale,* des particules solides en suspension dans le liquide.

Nous les établirons en série, au nombre de cinq, chacune ayant une capacité volumétrique utile de 200 mètres cubes. Leur profondeur devra être de 4 mètres à partir du point d'entrée des eaux, et elle ne sera plus que de 2^m,5o à l'autre extrémité. Leur *sole* présentera une dépression angulaire médiane, creusée dans toute sa longueur pour faciliter, lorsqu'il y aura lieu, la vidange des boues. Celle-ci se fera alors par simple

---

1. Ces résidus solides qui renferment une assez forte proportion de charbon peuvent être avantageusement brûlés dans un four à combustion, tel que celui qu'emploient beaucoup de villes anglaises et allemandes pour l'incinération des *gadoues.*

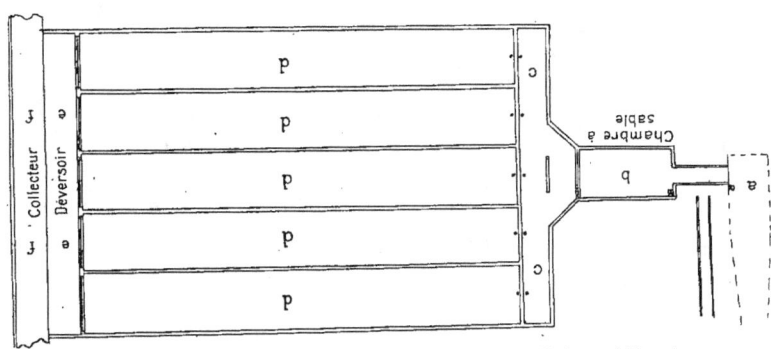

Plan schématique d'une série de fosses septiques pour 1 000 m³ par jour. (Ville de 10 000 habitants.)

Fig. 1. — Fosses septiques.

Échelle au $\frac{1}{200}$

Coupe schématique d'une fosse septique avec chambre à sable.

pression du liquide surnageant, au moyen d'un conduit spécial qui les évacuera à l'extérieur.

L'admission des eaux du canal d'amenée à chacune des fosses septiques s'effectuera au moyen d'un large siphon commandé par une vanne de réglage et à deux branches égales, plongeant, l'une dans le canal, l'autre dans la fosse. Cette disposition est nécessaire pour éviter les courants de surface qui entraîneraient de l'air en trop grande quantité et gêneraient les fermentations anaérobies.

Les fosses, creusées parallèlement les unes aux autres dans le sens de la longueur, seront munies de cloisons incomplètes formant chicanes, pour amortir les courants et pour faciliter le dépôt des matières en suspension. Les substances de faible densité (graisses, débris de liège, poils, etc...) émergeront à la surface, constituant bientôt un véritable chapeau plus ou moins épais, fendillé en mosaïque par la poussée des gaz, protégeant la masse de liquide sous-jacente du contact direct de l'air et favorisant ainsi les actions microbiennes anaérobies (*fig.* I et II).

Les dimensions à donner aux fosses septiques seront telles que chaque molécule d'eau d'égout traverse l'une d'elles en vingt-quatre heures environ. Leur capacité totale sera, en conséquence, de 1 000 mètres cubes, soit de 200 pour chaque fosse.

Toutes doivent rester *constamment pleines,* sans que jamais le niveau du liquide qu'elles renferment s'abaisse ou s'élève. Elles laisseront donc échapper *par déversement,* sur leur bord opposé à l'entrée, un volume d'eau correspondant exactement à celui des nouveaux apports.

Il est essentiel d'aménager, aussi près que possible du déversoir de sortie, une dernière chicane de surface plongeant jusqu'à 0^m,60 seulement au-dessous du niveau du liquide, afin de retenir les dernières particules flottantes, et de ne livrer passage qu'aux eaux ne renfermant plus de matières non dissoutes.

Les déversoirs de nos cinq fosses septiques laisseront tous écouler leur liquide dans un canal collecteur commun, large et peu profond, qui conduira les eaux jusqu'à l'entrée de chaque lit bactérien de premier contact, où commencera la troisième phase de l'épuration, c'est-à-dire la fixation des matières

organiques dissoutes, sur des substances capables de servir en
même temps de supports aux microbes oxydants aérobies.

*
* *

Ces dispositifs étant établis, voyons maintenant comment
nous devrons assurer le fonctionnement régulier de nos fosses
septiques.

Il faut savoir tout d'abord que les fermentations anaérobies
s'amorcent lentement. Au début de la mise en route, les eaux
qui s'écouleront du déversoir seront simplement décantées :
elles garderont une odeur fécaloïde et les matières en suspension s'accumuleront dans leur ordre de densité soit à la surface, soit dans la profondeur de la fosse, entre les « chicanes ».
Peu à peu, après deux ou trois semaines, l'odeur fécaloïde dis-
paraîtra, supplantée par celle des gaz qui résultent de la désintégration des matières hydrocarbonées ou azotées. Ces gaz sont
constitués par environ 20 °/₀ de méthane, 20 °/₀ d'hydrogène
et 60 °/₀ d'azote mélangé d'une petite quantité d'acide carbonique. Ils sont combustibles, mais pratiquement inutilisables,
car la somme totale de l'hydrogène et du méthane produits par
1 mètre cube d'eau d'égout s'élève seulement à 10 litres en
moyenne pendant les vingt-quatre heures de fermentation.

Au bout d'un mois, le levain de ferments anaérobies formé
dans la fosse aura acquis une activité suffisante pour dissoudre
chaque jour une quantité de matières organiques égale à celle
qu'apportera le flot d'eau d'égout. Et désormais, à partir de ce
moment, la marche de la solubilisation deviendra constante.

L'influence des saisons peut être considérée comme nulle.
Les eaux d'égout sont toujours assez chaudes pour que la température des fosses septiques ne s'abaisse pas, même pendant
les plus grands froids de nos climats, au-dessous de + 16° centigrade.

Il n'y a aucun avantage à soustraire complètement le liquide
au contact de l'air en couvrant les fosses d'une voûte ou d'une
plate-forme en ciment. Une telle couverture, dont le prix est
toujours assez élevé, ne peut être recommandable que lorsqu'il
s'agit de petites installations faites au voisinage immédiat
d'un endroit habité et lorsqu'il est indispensable de réduire
au minimum les odeurs. Celles-ci, nous l'avons déjà dit, ne

Fig. II. — Fosse septique fermée et fosse septique ouverte de la station expérimentale de La Madeleine-lès-Lille.

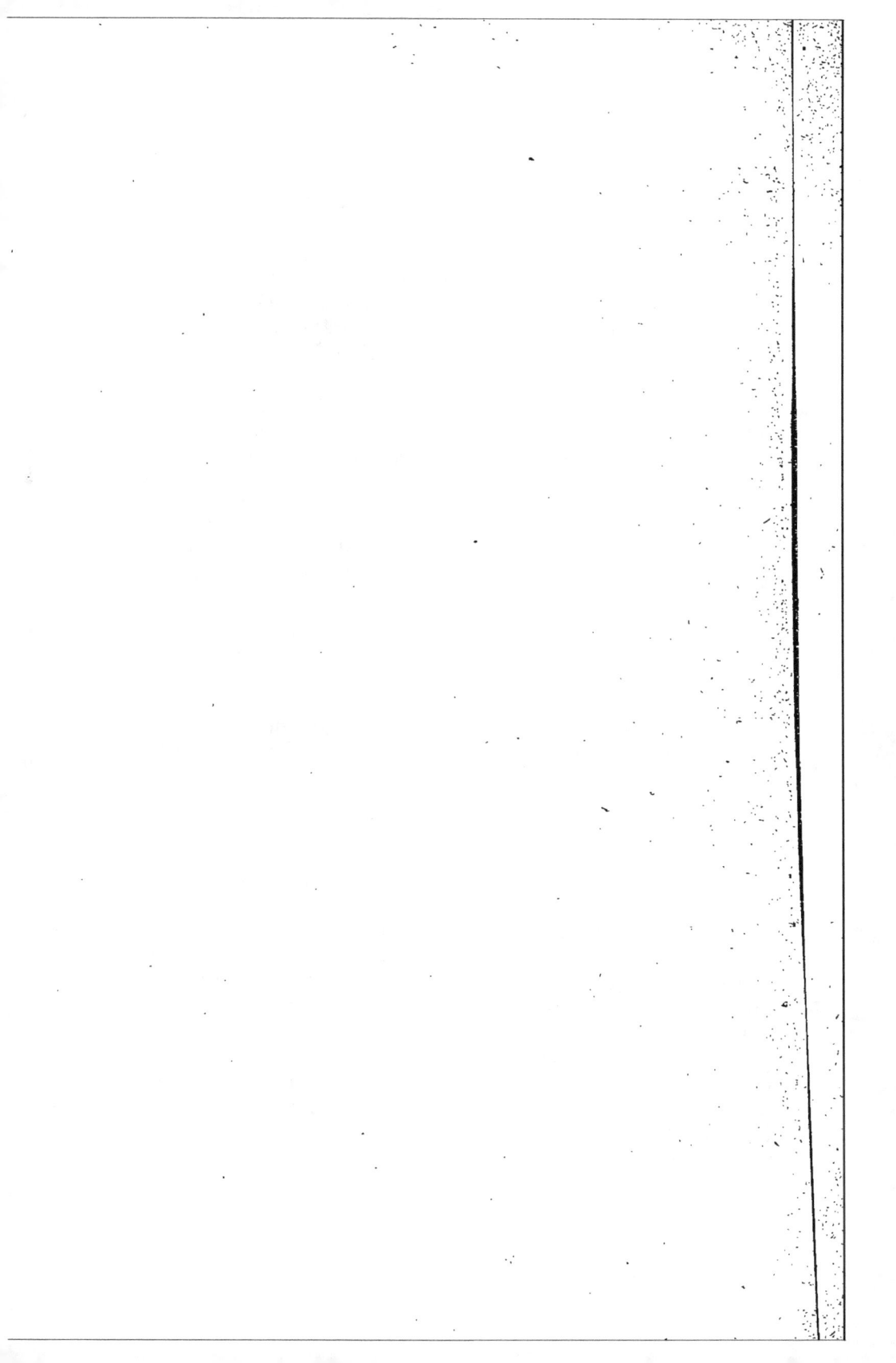

sont ni nuisibles, ni désagréables : elles rappellent celles que l'on perçoit au voisinage d'une usine à gaz, mais ne sont nullement fécaloïdes.

Dans le cas où l'on exigerait que les fosses fussent couvertes, il serait nécessaire d'assurer, au moyen d'une ou deux cheminées de faible diamètre, l'évacuation des gaz provenant des fermentations anaérobies ; l'oubli de cette précaution pourrait entraîner des accidents graves par explosion.

En somme, les fosses septiques (*septic tanks* des Anglais) que nous venons de décrire, ne sont autre chose que la fosse automatique de Mouras, déjà connue en France depuis 1882, et qui avait pour but de remplacer les anciennes fosses d'aisances fixes par des réservoirs permettant la solubilisation des matières solides et le déversement de leur trop-plein liquéfié à l'égout.

Les dispositifs qui ont été proposés par divers auteurs pour la modifier (*septic tank* de Cameroun, *hydrolytic tank* de Travis, fosses Simplex, etc.) ne lui ont apporté aucun perfectionnement vraiment utile.

*
* *

B) *Lits bactériens de contact.* — La surface de lits bactériens nécessaire pour épurer les 1 000 mètres cubes d'eau sortant quotidiennement des fosses septiques par deux *contacts* successifs est de 2 000 mètres carrés (*fig.* III et IV ci-contre).

Les lits doivent être construits de telle manière que l'eau sortant d'un *premier contact,* c'est-à-dire d'un premier lit, puisse être distribuée par gravitation à la surface d'un second lit ou *lit de second contact* et être évacuée ensuite, soit sur des terrains irrigables, soit dans un cours d'eau.

Il faut donc nécessairement disposer d'une dénivellation du sol au moins équivalente à la profondeur des deux lits, à partir du déversoir des fosses septiques, soit environ 2^m,50.

L'ensemble des lits de premier contact, établis au niveau le plus élevé, occupera une surface de 500 mètres carrés divisée en deux séries, l'une à droite, l'autre à gauche d'un canal collecteur amenant l'eau sortie des fosses septiques. Chaque série de 500 mètres carrés sera divisée elle-même en quatre compartiments séparés l'un de l'autre par des murs en maçonnerie et ayant chacun 125 mètres carrés de surface et 1^m,20 de profondeur, avec une légère pente de 1 centimètre par mètre, pour assurer l'écoulement des eaux du point d'entrée vers les vannes d'évacuation. Les dimensions des bassins et le calibre des vannes qui les alimentent doivent être calculés de manière à ce que leur remplissage puisse s'effectuer au maximum en une heure, et leur vidange dans le même laps de temps.

Le fond des bassins sera bétonné, afin d'éviter les infiltrations souterraines, et muni d'un drainage en tuyaux de poterie, ou mieux, en petites tuiles faîtières renversées, disposées en arêtes de poisson, les angles aigus de l'arête étant tous dirigés vers un drain collecteur central qui débouchera vers la vanne de vidange.

La forme des lits sera, autant que possible, carrée ou rectangulaire ; mais, dans ce dernier cas, on s'arrangera pour que les eaux les traversent dans le sens de leur plus grande longueur.

Le remplissage de chaque bassin sera effectué de préférence avec des scories ou mâchefer. A défaut de scories, on pourra utiliser du coke ou un mélange de coke et de briques concassées, ou de la pouzzolane. Les matériaux *poreux* conviennent seuls. On ne se servira, dans aucun cas, de pierres compactes ni de gravier.

La dimension de ces matériaux sera réglée de la manière suivante :

0^m,03 à 0^m,07 sur les drains et sur une épaisseur de 0^m,25 à partir du fond ;

0^m,02 à 0^m,03 sur tout le reste.

On évitera avec soin les poussières et, à cet effet, nous recommandons de n'employer que des matériaux criblés et, autant que possible, lavés.

Ces matériaux de remplissage occupent environ les deux tiers de la capacité volumétrique des lits.

Sur chaque lit, on creusera une série de rigoles disposées en rayonnant à partir de la vanne d'admission de l'eau, de manière à assurer la répartition aussi régulière que possible de celle-ci à la surface des scories. Un rebord de maçonnerie, installé en éventail au-devant de la vanne, évitera le déplacement des matériaux sous l'influence du courant.

Les lits de second contact seront exactement construits

FIG. III. — Construction d'un lit bactérien de contact à La Madeleine-lès-Lille.

Revue pratique d'Hygiène municipale.

Fig. IV. — Lits bactériens de premier et de second contact à La Madeleine-lès-Lille.

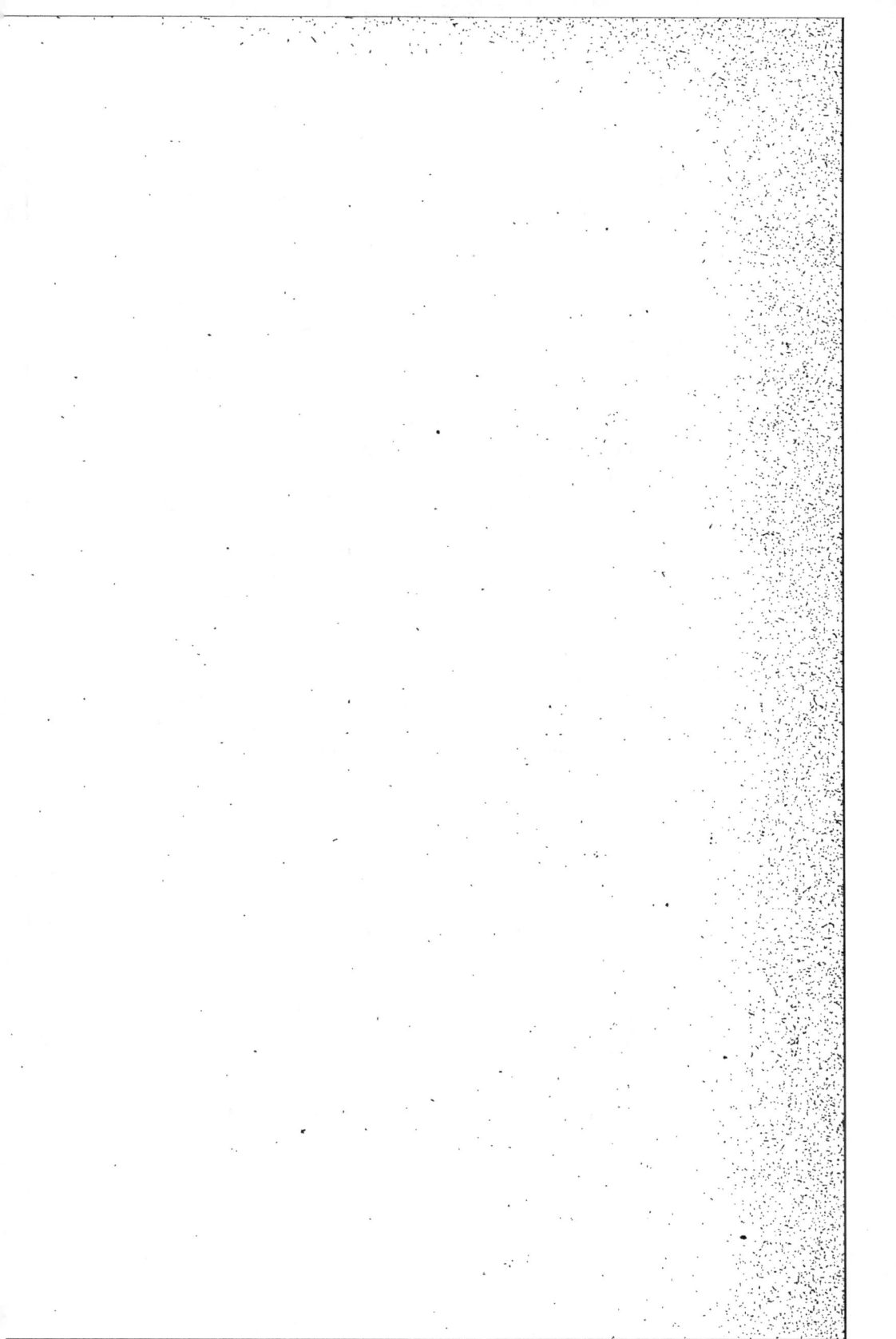

comme les précédents, en contre-bas de 1m,20 et de telle manière que l'eau sortant des premiers puisse s'écouler directement sur eux (*fig.* IV).

Il nous reste maintenant à préciser le fonctionnement du système :

Rappelons tout d'abord que le principe des lits de contact est l'*intermittence*, c'est-à-dire que l'eau à épurer doit séjourner pendant *deux heures* sur un lit de premier contact, puis *deux heures* sur un lit de second contact, avant d'être évacuée définitivement.

Pendant les périodes d'immersion, les matériaux (scories, coke, briques ou pouzzolane) fixent, comme le ferait un tissu plongé dans un bain de teinture, les matières organiques dissoutes que renferment les eaux d'égout sortant de la fosse septique.

Pendant la période d'aération subséquente, les microbes, qui se multiplient très activement dans les pores de ces matériaux, empruntent de l'oxygène à l'air atmosphérique et oxydent la matière organique fixée, accomplissant alors la quatrième et dernière phase de l'épuration. Cette oxydation aboutit à la formation de *nitrites*, puis de *nitrates*.

Les nitrates ainsi formés sont dissous et entraînés par le liquide introduit de nouveau sur le lit bactérien au moment d'une nouvelle période d'immersion. Les matériaux poreux sont, dès lors, prêts à fixer une nouvelle quantité de matière organique, et le cycle recommence.

On a constaté expérimentalement qu'en règle générale, lorsque l'eau à épurer ne renferme pas plus de 250 milligrammes d'azote organique par litre (calculé en ammoniaque), le premier contact fixe et détruit environ 50 % de cet azote organique. Le second contact fixe et détruit ensuite de 50 à 75 % de l'azote restant. Finalement, l'eau sortant du second contact présente un coefficient d'épuration de 86 à 92 % : elle est limpide, inodore, imputrescible et nullement nocive pour les plantes aquatiques ou pour les poissons.

Avec le dispositif de huit lits de premier contact et huit lits de second contact que nous avons adopté, les alternances de fonctionnement de chaque lit doivent être réglées de la manière suivante :

Une heure pour remplir ;

Deux heures de plein ;
Une heure pour vider ;
Quatre heures de vide pour aérer les scories ;
soit *huit heures par période.*

Chaque lit peut donc fonctionner trois fois par vingt-quatre heures et comme, à chaque remplissage, il reçoit, en volume d'eau, un tiers de sa capacité volumétrique, soit 125 m³ : 3 = 41^{m3},7, l'ensemble des lits de premier contact recevra en vingt-quatre heures les 1 000 m³ d'eau à traiter.

Il en sera de même des lits de second contact.

Bien entendu, les lits fonctionnent tous à des périodes différentes les unes des autres, de telle sorte que, pendant le cycle de huit heures, l'un d'entre eux soit en remplissage, un autre en vidange, deux autres pleins, et quatre en aération. On comprend de suite que rien n'est plus simple que d'établir un horaire pour l'ouverture et la fermeture des vannes qui les alimentent.

Remarquons enfin qu'il est essentiel, pendant les périodes d'aération, de maintenir les vannes de vidange ouvertes, afin d'assurer l'évacuation complète de chaque lit, par égouttage après la sortie du flot principal.

On pouvait craindre que le travail des microbes nitrificateurs ne s'effectuât pas dans de bonnes conditions lors des grands froids de la saison d'hiver. Il n'en est rien, heureusement, et, ici encore, l'expérience a prouvé que les alternatives d'immersion et d'aération empêchent la formation de couches de glace à la surface des scories, et que la température des eaux d'égout sortant des fosses septiques est toujours assez élevée pour entretenir le travail utile des microbes.

*
* *

Frais de première installation et d'entretien. — Au point de vue économique, il apparaît de toute évidence que la construction des lits bactériens est infiniment moins coûteuse que l'achat et l'aménagement d'une surface au moins *cinquante fois plus considérable* de terrains drainés en vue de l'épuration agricole. On peut estimer en moyenne à 15 fr. par mètre carré de surface les frais de première installation de ces lits, c'est-à-dire que les 2 000 m² de lits bactériens coûteraient environ

30 000 fr., somme à laquelle il faut ajouter les frais de construction des cinq fosses septiques et des canaux collecteurs, soit en tout, largement comptés, *60 000 fr.* Or, les *20 hectares* de terres irrigables qui seraient, au minimum, nécessaires pour épurer par l'épuration agricole le même volume d'eau d'égout coûteraient, au voisinage des villes de 10 000 habitants, un prix d'achat au moins égal, et il faudrait dépenser des sommes considérables pour les drainer, les cultiver et les entretenir en bon état.

Avec les lits bactériens, la dépense d'entretien et de fonctionnement est presque nulle. Les mêmes scories restent en place indéfiniment, *sans jamais se colmater,* puisqu'elles ne reçoivent que des matières dissoutes, les fosses septiques ayant préalablement retenu toutes les matières en suspension dans l'eau d'égout. Tout au plus est-il nécessaire de racler leur surface au râteau une fois par trimestre. Et la seule main-d'œuvre qu'ils nécessitent est réduite à deux hommes auxquels est dévolue la tâche d'ouvrir et de fermer les vannes de chaque lit.

Encore cette main-d'œuvre peut-elle être aisément supprimée, car il existe plusieurs dispositifs de siphons automatiques, parmi lesquels on n'a que l'embarras du choix et qui permettent d'assurer les remplissages et les vidanges périodiques, sans qu'il soit besoin d'exercer aucune surveillance. Les plus recommandables de ces appareils sont les siphons d'*Adams,* les valves automatiques de *Mather and Platt* (de Manchester) et les siphons de chasse automatiques que fabriquent en France plusieurs grandes maisons spécialisées dans la construction des appareils sanitaires. On doit seulement veiller avec grand soin, lorsqu'on les emploie, à ce que leur fonctionnement soit réglé de telle manière que l'eau ne puisse jamais séjourner sur les lits bactériens pendant plus de deux heures, cette condition étant d'une importance capitale.

*
* *

Les lits bactériens intermittents, tels que nous venons de les décrire, présentent de grands avantages économiques, en raison de leur simplicité de construction et de leur durée à peu près indéfinie. Comme ils n'exigent aucun mécanisme, les frais d'entretien sont presque nuls.

Toutefois, leur capacité d'épuration étant le plus souvent limitée à 5oo litres par mètre carré de surface et par vingt-quatre heures, et certaines villes éprouvant des difficultés à trouver, dans leur voisinage immédiat, des espaces de terrains suffisants, on a été conduit à réaliser des dispositifs mécaniques permettant d'augmenter les quantités d'eau d'égout épurées sur une même surface, et de supprimer les alternances d'immersion et d'aération.

Plusieurs appareils très ingénieux ont été proposés et expérimentés dans ce but, particulièrement en Angleterre, en ces derniers temps. Certains d'entre eux méritent d'être connus, car, malgré leur prix généralement assez élevé, ils sont susceptibles d'un emploi avantageux, surtout dans les villes de peu d'importance, dans les établissements collectifs isolés (hôpitaux, sanatoriums, casernes, collèges) et dans la plupart des industries (sucreries, brasseries, distilleries, amidonneries, tanneries, etc.).

Il importe donc que nous en fassions ici une brève description.

IV

LITS BACTÉRIENS CONTINUS OU « PERCOLATEURS ».

La filtration *réellement continue* sur un même lit bactérien est impossible à réaliser, parce que les scories constamment mouillées d'eau d'égout ne tarderaient pas à perdre le pouvoir de fixer les matières organiques dissoutes. Il est indispensable que l'air puisse pénétrer jusque dans la profondeur de leurs pores pour que les microbes qui s'y abritent et s'y multiplient soient en mesure d'accomplir leur fonction d'oxydation. On est donc toujours obligé d'interrompre l'arrosage des scories à des intervalles plus ou moins rapprochés pour leur permettre de s'égoutter complètement. C'est pourquoi il n'existe pas, à proprement parler, de lits bactériens *continus*.

Mais on est parvenu à combiner certains dispositifs qui permettent soit le déversement en pluie des eaux d'égout, pendant des périodes plus ou moins longues, à la surface des lits bactériens, soit l'arrosage intermittent et automatique des diverses portions de la surface d'un même lit. On supprime ainsi l'immersion totale des lits, c'est-à-dire les *contacts,* alternant avec la vidange totale, et on évite la main-d'œuvre que nécessitent l'ouverture et la fermeture des vannes.

Ces dispositifs de lits bactériens à *percolation* peuvent se diviser en cinq groupes suivant le mode de distribution qu'ils emploient :

1º Les pulvérisateurs à pression ;
2º Les tourniquets hydrauliques ou *sprinklers ;*
3º Les gouttières à renversement ;
4º L'égouttage direct ;
5º Les siphons à décharge intermittente.

*
* *

1º *Systèmes pulvérisateurs.* — Le principe de ces systèmes consiste à placer sur toute la surface d'un seul lit bactérien de 2 à 3 mètres d'épaisseur une série de tuyaux métalliques percés de distance en distance (tous les 1^m,50 environ), d'un orifice sur lequel est adapté un ajutage-pulvérisateur spécial. L'eau d'égout sortant des fosses septiques est amenée à chaque tuyau par une *nourrice* (conduite à large section) dont le diamètre intérieur est calculé de manière à ce que toutes les canalisations secondaires, perpendiculairement branchées sur elle, reçoivent une égale quantité de liquide.

Toute la surface du lit bactérien se trouve ainsi couverte d'un réseau de becs pulvérisateurs qui projettent l'eau d'égout sous une pression suffisante pour obliger celle-ci à retomber en pluie fine sur les scories. La hauteur de chute doit être d'environ 1 mètre. L'eau traverse toute l'épaisseur du lit sans y séjourner et s'écoule aussitôt par le drainage sous-jacent, tout autour du lit, d'où d'une rigole collectrice la conduit vers un canal d'évacuation.

Plusieurs types différents de ce système sont actuellement employés en Angleterre. Le meilleur est celui qu'on peut voir fonctionner aux *sewage's works* de Birmingham.

Il en existe un autre à Salford (faubourg de Manchester) et un troisième à Chesterfield. Dans cette dernière installation, l'eau est propulsée *par intermittences* dans les pulvérisateurs au moyen d'un éjecteur Shone à air comprimé, d'une capacité de 500 litres.

Les dispositifs de ce genre sont extrêmement coûteux, en

raison de la multiplicité des canalisations métalliques qu'ils nécessitent. De plus, leur fonctionnement n'est possible qu'avec des eaux parfaitement débarrassées de toutes particules de matières en suspension. L'effluent des fosses septiques, avant d'y être admis, doit être soigneusement décanté dans des appareils *Dortmund* ou au moyen d'un filtre dégrossisseur. Encore est-il difficile d'éviter, malgré ces précautions, que les becs pulvérisateurs ne s'obstruent, et on est obligé de les surveiller constamment.

En revanche, grâce au mélange très intime d'une grande quantité d'air à l'eau d'égout et grâce à la répartition de celle-ci en fines gouttelettes sur toute la surface du lit bactérien, l'oxydation des matières organiques s'effectue d'une manière absolument parfaite. On obtient un effluent dont le coefficient d'épuration peut atteindre 92 °/₀ et même, dans certains cas, 96 °/₀, avec un débit de 1 mètre cube environ par mètre carré de surface et par vingt-quatre heures.

2° *Tourniquets hydrauliques* ou *sprinklers*. — Ces appareils utilisent le principe physique bien connu du tourniquet hydraulique. L'eau à épurer arrive au centre d'un lit bactérien circulaire, dans l'axe d'un distributeur à deux ou quatre bras. Ceux-ci sont constitués par des tuyaux métalliques fermés à leur extrémité libre et percés de trous latéraux de petites dimensions, en nombre de plus en plus grand du centre à la périphérie.

La figure V en indique le fonctionnement. L'eau, en s'échappant par les orifices, tombe en jets minces et obliques sur les scories et produit la rotation continue du système autour de l'axe central.

Pour éviter l'usure rapide de cet axe et pour assurer son étanchéité, les ingénieurs sanitaires anglais ont imaginé divers mécanismes. C'est ainsi que le sprinkler de *Candy-Whittaker-Bryant* tourne dans une cuvette pleine de mercure ; les frottements sont, par suite, réduits au minimum.

Le sprinkler *Adams*, connu sous le nom de *Cresset distributor*, tourne dans une chambre à air entre deux joints hydrauliques (*fig.* V). Celui de *Mather and Platt* est actionné par une turbine axiale que l'eau d'égout elle-même met en mouvement.

Dans tous ces appareils, les bras du distributeur sont maintenus horizontaux, à la surface du lit bactérien, au moyen de guides métalliques ou « haubans » suspendus au sommet d'un prolongement vertical de l'axe.

Leur mouvement de rotation est plus ou moins rapide, suivant la pression de l'eau.

Malheureusement, les sprinklers sont quelquefois contrariés par les vents, de sorte que l'eau n'est pas toujours distribuée uniformément sur les diverses portions des lits.

Les résultats de l'épuration par les sprinklers sont, en général, très satisfaisants, et leur débit est considérable : il dépasse parfois $1^{m3},200$ par mètre carré et par jour. Les seuls reproches qu'on puisse leur adresser sont d'être coûteux et de nécessiter une surveillance constante pour éviter que les orifices très petits par où l'eau s'écoule ne viennent à s'obstruer.

M. Candy prétend obtenir des effets d'épuration plus parfaits en intercalant entre deux couches de scories, dans le lit bactérien à sprinkler, une couche de 20 à 30 centimètres d'épaisseur de *carboferrite* ou *polarite,* substance poreuse obtenue par la calcination du carbonate de fer naturel [1].

Nos expériences personnelles nous ont convaincu de l'inutilité de cette complication : déjà, après quelques semaines de mise en service, les pores très fins du carboferrite sont obstrués par les zooglées de microbes, et les effets d'oxydation un peu plus intense qu'on observe au début cessent alors de se produire. Il vaut beaucoup mieux, selon nous, garnir les lits bactériens uniquement avec des scories ou mâchefer, dont le prix est beaucoup moins élevé et qu'il est facile de se procurer partout.

3° *Gouttières à renversement.* — Le *colonel Ducat,* de Londres, a fait construire pour essais, à *Leeds,* un filtre qu'il destinait à l'épuration de l'eau d'égout brute, sans passage préalable par fosse septique. Ce filtre, de 45 mètres carrés de surface, avait une hauteur de 3 mètres. Les parois étaient entièrement formées de tuyaux de drainage de $0^m,30$ de longueur et de $0^m,12$ de diamètre extérieur. L'intérieur, rempli de scories, était traversé à différents étages par des tubes où

---

1. Le carboferrite renferme, pour 100 parties, environ 54 de peroxyde de fer et d'oxyde magnétique, 6 d'alumine, 7 de magnésie et 25 de silice.

circulait de l'eau chauffée à 20° centigrade au moyen d'un thermosiphon, afin d'entretenir dans toute la masse de scories la température la plus favorable à la nitrification.

A la surface, l'eau d'égout se déversait alternativement sur chacune des sections du lit, au moyen de gouttières à renversement automatique. Les résultats de l'épuration furent satisfaisants au début, avec une marche de dix heures sur vingt-quatre et un débit de 1 200 litres par mètre carré et par jour. Mais, un mois après la mise en service, les scories superficielles commencèrent à se colmater et le fonctionnement dut être interrompu.

Le coût extrêmement élevé de ce système rendait d'ailleurs son emploi impossible.

Tout récemment, d'autres ingénieurs anglais ont adapté le même principe des gouttières à renversement à la construction de distributeurs automatiques en forme de moulins mobiles soit autour d'un axe central, comme les sprinklers, soit sur des surfaces rectangulaires, au moyen d'un va-et-vient monté sur rails métalliques (*système Willcox*).

L'un des meilleurs dispositifs de ce genre est le *distributeur rotatif de Fiddian,* qu'on peut voir fonctionner en Angleterre à Walsall, à Birmingham, à Liverpool et en France dans notre station expérimentale de La Madeleine près Lille (*fig.* VI).

Il se compose d'une roue cylindrique, de 23 à 38 centimètres de diamètre, dont toute la surface porte une série d'augets. Le remplissage successif de ceux-ci détermine un mouvement circulaire d'autant plus rapide que l'eau à épurer arrive en plus grande quantité. L'alimentation des augets s'effectue par des déversoirs formant vases communicants avec un réservoir axial. Les augets se vident successivement à la surface des scories au fur et à mesure que la rotation de l'appareil s'effectue.

L'ensemble du lit bactérien portant son distributeur rotatif sur rail a seulement 2^m,20 en hauteur environ, pour une épaisseur de 1^m,75 de scories.

Il ne doit recevoir que des eaux préalablement débarrassées des matières en suspension par un séjour convenable en fosse septique. Les effets d'épuration sont aussi parfaits qu'on peut le désirer : le coefficient varie de 80 à 92 % avec un débit moyen de 1 200 litres par mètre carré de surface et par jour

Fig. V. — Tourniquet hydraulique ou sprinkler.

Fig. VI. — Distributeur automatique de *Fiddian*.

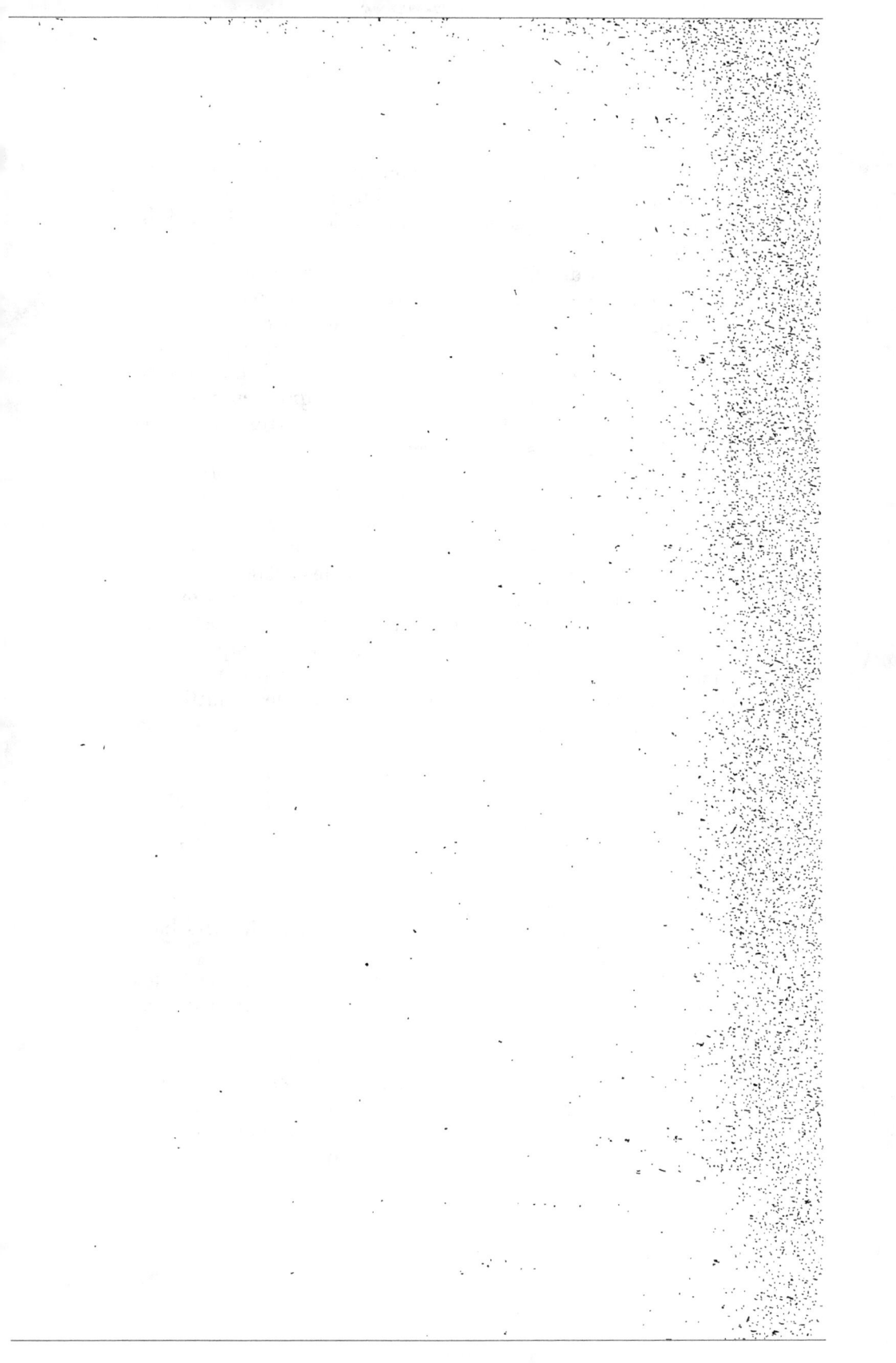

dans nos expériences de La Madeleine : l'eau épurée se montre toujours absolument claire et imputrescible, et cependant l'appareil marche sans discontinuité jour et nuit, depuis trois mois.

Cette sorte de distributeur automatique, robuste et insensible à l'action des vents, nous paraît très recommandable pour les installations urbaines de peu d'importance et pour les châteaux, les casernes et les collèges par exemple ; mais son prix assez élevé empêchera sans doute qu'il puisse être appliqué à l'épuration des eaux d'égout des grandes villes où l'on aura, croyons-nous, toujours avantage à éviter les appareils mécaniques, quels qu'ils soient.

4° *Égouttage direct.* — M. *Stoddart,* de Bristol, a préconisé un mode de distribution par égouttage direct qui consiste à placer sur toute la surface des lits bactériens, et à une faible distance des scories, une sorte de couverture en tôle ou en zinc, creusée de gouttières parallèles dont les arêtes sont percées de petites fenêtres losangiques. De chacune de ces ouvertures, plusieurs pointes dirigées en bas servent de conducteurs aux gouttelettes liquides. Cette disposition empêche les particules solides entraînées hors de la fosse septique d'obstruer les orifices. Elles se déposent au fond des gouttières, d'où on peut les expulser de temps en temps avec une simple brosse.

Malgré sa simplicité, ce système ne s'est pas répandu : il présente l'inconvénient de gêner la libre circulation de l'air à la surface des lits, et on a constaté à diverses reprises que les gouttières sont fréquemment envahies par une abondante végétation de moisissures qui ne tardent pas à intercepter la circulation de l'eau. D'autre part, son prix de revient est trop élevé pour qu'on puisse songer à l'appliquer sur des lits bactériens de grandes dimensions.

5° *Siphons à décharge intermittente.* — La plupart des appareils que nous venons de décrire nous ayant paru difficilement utilisables dans les installations urbaines de quelque importance, soit à cause de leur prix trop élevé, soit en raison de la complexité de leur mécanisme, nous avons dû chercher à combiner un mode de distribution qui pût être employé partout à peu de frais et en supprimant aussi complètement que possible toute dépense d'entretien et de main-d'œuvre.

Nous estimons y être parvenus en adoptant de simples siphons à amorçage lent et à déversement rapide, de manière à réaliser une véritable *percolation intermittente* des lits bactériens.

Notre dispositif consiste à placer soit au centre, soit sur l'un des bords des lits bactériens, de distance en distance, un ou plusieurs siphons semblables à ceux que l'on emploie pour les chasses automatiques des water-closets, mais spécialement construits en vue de réduire au minimum leur hauteur. Celle-ci peut ne pas dépasser $0^m,20$, de telle sorte qu'il n'est pas nécessaire de disposer d'une chute considérable. Une dénivellation de 2 mètres au total, depuis la sortie de la fosse septique jusqu'à l'assise du lit bactérien, suffit amplement.

Nos siphons, alimentés chacun par un déversoir de trop-plein d'un canal distributeur, s'amorcent en un temps variable et réglable à volonté, au moyen d'un diaphragme (en cinq à quinze minutes par exemple). Ils évacuent ensuite en trente ou cinquante secondes un volume d'eau déterminé (de 20 litres à 1 mètre cube ou davantage) *directement* dans des rigoles creusées à la surface du lit bactérien ou dans des nochères en poteries (tuiles faîtières renversées) posées à plat sur celui-ci.

La vague d'eau ainsi évacuée s'infiltre dans la masse des scories sur toute la hauteur du lit bactérien. Elle sort au bout de quelques minutes, débarrassée des matières organiques qui restent fixées sur les scories, et entraînant les nitrates solubles formés. Le lit bactérien, auquel on doit donner une épaisseur minima de $1^m,75$, est donc mouillé, puis aéré de haut en bas, par des périodes successives dont on peut déterminer exactement l'intermittence.

Un appareil de ce genre, installé pour essai dans notre station expérimentale de La Madeleine [1], nous a donné des résultats très satisfaisants, avec un débit de 1 mètre cube par mètre carré de surface et par jour, sans le moindre arrêt de fonctionnement depuis trois mois.

Nous estimons, en conséquence, que, dans un grand nombre de cas, ce système très simple de distribution automatique devra être préféré. Il rendra de grands services partout où l'on

---

1. Cet appareil n'est pas breveté.

est embarrassé pour trouver l'espace nécessaire à l'établissement des lits bactériens de contact, et principalement dans les installations de moyenne importance comportant l'épuration d'un volume d'eau d'égout de 5o à 10 000 mètres cubes par jour.

* * *

Supposons donc une ville de 10 000 habitants produisant 1 000 mètres cubes d'eaux-vannes de tout-à-l'égout avec *système séparatif*, pour laquelle il s'agirait d'établir une station d'épuration biologique avec les siphons percolateurs à déversement intermittent et automatique que nous venons de décrire.

Le plan schématique de cette station devrait être dressé ainsi qu'il suit :

1° Les grilles à peignes retenant les corps volumineux et flottants, la chambre à sable et les fosses septiques, au nombre de cinq, de 200 mètres cubes de capacité chacune, seront construites exactement d'après les indications déjà fournies. Il n'y a rien à changer dans ces dispositifs ;

2° L'effluent des fosses septiques, recueilli dans un canal distributeur en forme de T, sera dirigé par moitié sur deux vastes lits bactériens qui s'étendront de chaque côté de la branche horizontale du T.

Ces lits, qu'il n'est plus nécessaire de diviser en compartiments comme dans le cas des lits de contact, devront avoir une épaisseur minima de 1^m,75, et si l'on dispose d'une dénivellation suffisante, il sera avantageux de leur donner une épaisseur de 2 mètres, ou 2^m,5o, surtout si les eaux sont très concentrées. La surface de chacun d'eux sera de 5oo mètres carrés.

Les scories pourront être simplement tassées en talus à bords obliques, sans murs de soutènement, sur une sole en béton, pour éviter les infiltrations souterraines. Si l'on préfère les enfermer entre des murs, le bord inférieur de ceux-ci sera largement ajouré sur trois côtés, de manière à permettre l'égouttage des eaux épurées tout autour du lit et l'évacuation de l'acide carbonique.

Une rigole collectrice courant également sur trois côtés conduira les eaux épurées à un collecteur commun.

A la surface de chaque lit, de chaque côté du canal distributeur, on disposera une série de déversoirs distants de 4 ou 5 mètres les uns des autres, alimentant chacun le réservoir de chasse d'un siphon automatique à décharge intermittente.

Dix siphons déversant chacun à chaque décharge 1 mètre cube, soit 5o mètres cubes par jour, devront suffire sur chaque lit. La répartition de l'eau à épurer s'effectuera le plus commodément à l'aide de rigoles distributrices creusées directement sur les scories et garnies de tuiles faîtières renversées, juxtaposées les unes à côté des autres, sans rejointoiement (*fig*. VII).

La construction du lit bactérien sera effectuée d'après les principes précédemment exposés, c'est-à-dire que, sur un drainage formé de tuiles faîtières, on accumulera d'abord des grosses scories sur o^m,4o de hauteur, puis des scories moyennes, et enfin, sur o^m,5o de hauteur au moins, vers la surface, des scories fines criblées, de o^m,o2 à o^m,o3 de diamètre, soigneusement débarrassées de poussières.

Avec ce dispositif, une seule filtration suffisant à épurer convenablement les eaux d'égout de concentration moyenne, une surface de 1 ooo mètres carrés de lits bactériens permettra de traiter facilement 1 ooo mètres cubes par vingt-quatre heures, sans aucune main-d'œuvre autre que celle d'un surveillant qui devra s'assurer de temps en temps qu'aucun dépôt de boues n'encombre les réservoirs de chasse des siphons.

Les frais de première installation de ce système ne sont pas plus élevés que ceux des lits de contact. En y comprenant le prix des siphons automatiques, on peut tabler sur une dépense moyenne de 3o fr. par mètre carré de surface. Mais, comme cette surface est exactement moitié moindre qu'avec les lits de contact, on réalise encore, de ce chef, une économie importante sur le prix d'achat du terrain.

V

ÉPURATION BIOLOGIQUE DES EAUX DE TOUT-A-L'ÉGOUT
DU SYSTÈME UNITAIRE

Nous avons expliqué précédemment que, dans tous les cas où il s'agit d'épurer les eaux d'égout, soit par les procédés

Collecteur et fosses septiques

Evacuation
de l'eau épurée

Plan schématique et coupe d'une installation de lits bactériens percolateurs à siphons de chasse intermittente pour 1000m³ par jour. (Ville de 10 000 habitants.)

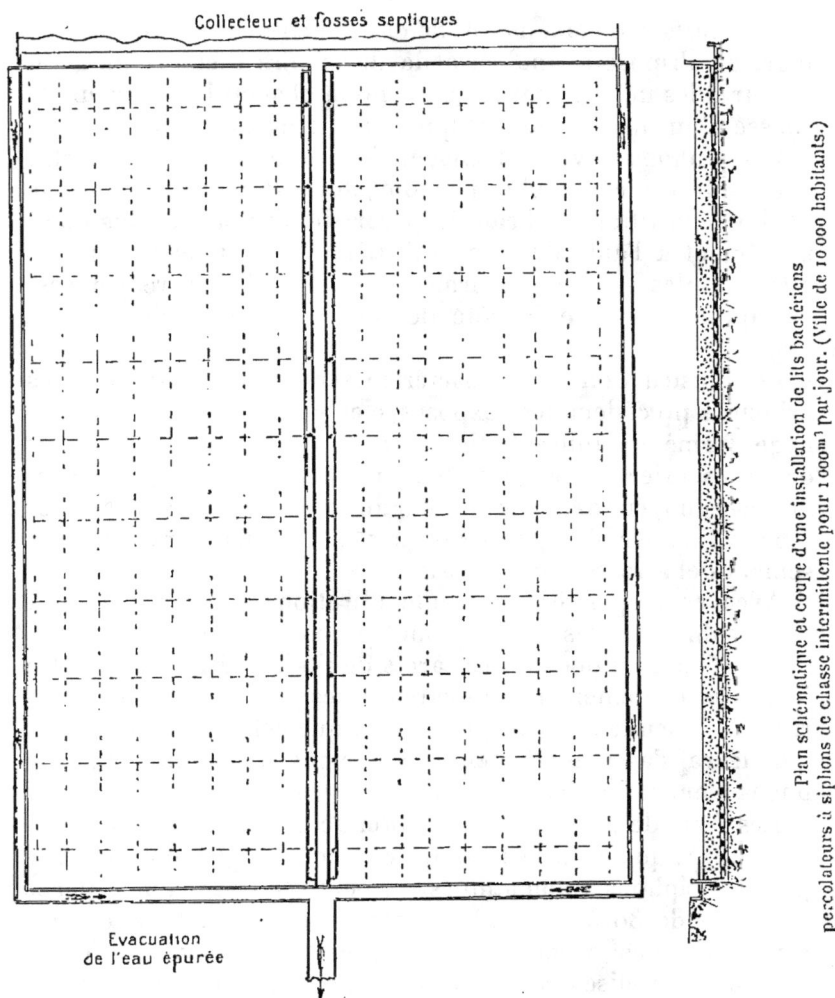

Fig. VII. — Lits bactériens.

Echelle au $\frac{1}{400}$

chimiques, soit par l'irrigation agricole, soit par les nouveaux systèmes biologiques, il était infiniment préférable de limiter l'épuration aux eaux-vannes ménagères et aux matières de vidange, en recueillant à part les eaux de pluie et d'arrosage. Celles-ci peuvent être simplement décantées et n'ont pas besoin d'être épurées. Malheureusement, beaucoup de villes, comme Paris, sont déjà pourvues d'un réseau d'égout *unitaire* à grande section, qui collecte à la fois les eaux-vannes et les eaux pluviales ou d'arrosage, et il est impossible de songer à recueillir désormais les premières dans un réseau séparatif. Il en résulte qu'on est obligé d'épurer un volume d'eau extrêmement variable, puisque les pluies d'orages vont fréquemment jusqu'à décupler le volume normal que charrient les égouts par temps sec.

Non seulement ces conditions rendent l'épuration beaucoup plus irrégulière, mais elles entraînent, en outre, des frais énormes, puisque les surfaces nécessaires pour l'irrigation ou pour l'établissement des lits bactériens sont au moins dix fois plus considérables.

C'est ainsi, par exemple, que si la ville de Paris eût été dotée d'un système d'égouts séparatif au lieu du système unitaire, elle ne produirait certainement pas plus de 200 000 mètres cubes d'eaux-vannes par jour, et ce volume pourrait être facilement épuré par une surface de lits bactériens à double contact de 40 hectares.

L'apport des eaux d'arrosage aux égouts double ce chiffre en temps sec, et les eaux pluviales le décuplent quelquefois. Or, comme les champs d'épandage ne sont établis que pour épurer au maximum 400 000 mètres cubes par jour, il en résulte que tout l'excédent est rejeté en Seine sans aucune épuration.

Beaucoup d'autres grandes villes présentent une situation aussi fâcheuse, et il est impossible d'y remédier par un remaniement du système de canalisations d'égouts.

On est donc obligé de chercher à atténuer le mal, et il n'est pas douteux que l'adoption des procédés d'épuration biologique s'y prête mieux que l'irrigation agricole.

Lorsque la station d'épuration biologique à construire devra recevoir des eaux-vannes et pluviales mélangées, on prendra soin, tout d'abord, de multiplier suffisamment les chambres à sable ou d'augmenter leur capacité pour retenir tous les détritus minéraux provenant du lavage des rues. Il faut éviter, en effet, que ces matières imputrescibles puissent arriver jusqu'aux fosses septiques dont elles ne tarderaient pas à diminuer la capacité volumétrique.

On établira, en outre, au sortir des chambres à sable et avant l'entrée aux fosses septiques, un déversoir qui permettra de diriger sur des *lits bactériens d'orage* toute la quantité d'eau qui arrive en plus du volume normal que doivent recevoir les fosses septiques et les lits bactériens.

Les lits d'orage seront construits comme les lits bactériens, mais plus économiquement, avec des scories brutes, non triées. L'eau se déversera à leur surface et les traversera sans y séjourner. Elle s'y débarrassera des matières organiques en suspension.

Ces lits doivent être considérés, en somme, comme de simples filtres à très grand débit, capables seulement de réaliser un dégrossissage. Il n'est d'ailleurs pas nécessaire que les eaux pluviales soient épurées d'une manière plus complète, alors même qu'elles seraient mélangées à une certaine proportion d'eaux d'égout, car on admet que lorsque les eaux d'égout sont diluées dans quatre fois leur volume d'eaux de pluie, on peut sans inconvénients tolérer leur déversement dans les rivières.

A plus forte raison, ce déversement peut-il être effectué si l'on prend soin de filtrer les eaux pluviales à travers une couche de scories.

Dans une station d'épuration convenablement établie pour le traitement des eaux de tout-à-l'égout unitaire, on devra donc toujours aménager un ou deux lits d'orage d'une surface au moins égale à la moitié de celle occupée par les lits bactériens à double contact ou percolateurs.

VI

CONCLUSIONS

Les indications qui précèdent nous semblent suffisantes pour permettre aux municipalités, aux ingénieurs et aux autorités sanitaires de choisir le système d'épuration qui doit être préféré dans les différentes circonstances.

Avant d'établir un projet ou un plan d'épuration, on devra tout d'abord prendre soin de faire analyser les eaux qu'il s'agit de traiter. Cette précaution est de toute première importance, car si ces eaux renferment une forte proportion de certaines substances à réaction acide, ou des antiseptiques, ou un excès d'alcalis, il sera tout à fait impossible de les épurer par l'un quelconque des procédés biologiques ou par l'irrigation agricole. On se trouvera alors nécessairement amené à neutraliser préalablement les acides ou les alcalis, ou à précipiter les antiseptiques par des réactifs convenablement choisis. La question se posera ensuite de savoir si, après cette neutralisation, le liquide peut être déversé sans inconvénients sur le sol cultivé ou sur des lits bactériens.

Pour éviter les expériences toujours coûteuses et les erreurs difficilement réparables, il sera toujours prudent de consulter à la fois un ingénieur et un hygiéniste bactériologiste, spécialisés dans l'étude de ces questions. On les priera d'examiner les plans élaborés, d'en contrôler l'exécution et de surveiller les débuts du fonctionnement du système adopté.

Le choix d'un système d'épuration ne pourra, dans tous les cas, être utilement effectué que lorsqu'on aura déterminé :

1° La nature et la composition chimique des eaux à épurer ;

2° La quantité de ces eaux à traiter par jour ;

3° Les variations journalières et saisonnières de volume ;

4° La disposition des canaux d'égout (unitaires ou séparatifs), leur développement, leur pente ;

5° La disposition du lieu où s'effectuera l'épuration (hauteur de chute, nature et étendue du terrain) ;

6° Le point de déversement des eaux épurées (utilisation possible de celles-ci à l'irrigation culturale après épuration, rejet dans des cours d'eau ou à la mer) ;

7° Enfin, dans le cas où les eaux épurées devraient être déversées dans un cours d'eau, on indiquera le régime de ce dernier et on précisera si les eaux servent à l'alimentation de localités situées en aval ou s'il existe des parcs à huîtres voisins susceptibles d'être contaminés par des microbes pathogènes provenant des égouts.

*
* *

Les procédés d'*épuration chimique* seront préférés toutes les fois qu'on aura affaire à des eaux contenant soit des matières tinctoriales en forte proportion, soit des résidus industriels acides ou alcalins capables de gêner les actions microbiennes d'oxydation. Hormis ces circonstances exceptionnellement rares, on évitera d'y avoir recours, parce qu'ils nécessitent l'emploi de réactifs coûteux, qu'ils sont d'un maniement délicat et qu'ils produisent des boues de précipitation dont la valeur est généralement nulle et dont l'encombrement est une cause de dépense et de gêne.

On n'oubliera pas, en outre, que la précipitation chimique ne réalise pas une *épuration* satisfaisante. L'effluent est presque toujours plus ou moins putrescible après décantation, et il est nécessaire, pour le rendre inoffensif, de le faire passer sur deux lits bactériens de contact, ou sur un filtre biologique à percolation.

L'*irrigation agricole,* dont les effets épurants sont incontestablement plus parfaits, n'est recommandable que dans les cas très rares où l'on dispose, à proximité des villes, de terrains d'une grande perméabilité, peu coûteux et suffisamment vastes pour qu'on ne soit jamais obligé de faire absorber au sol cultivé des quantités d'eaux d'égout susceptibles de nuire à la culture. En principe, on n'admettra jamais, en irrigation culturale, plus de 3 litres d'eau par mètre carré et par jour, et sous la réserve que ces eaux ne renfermeront pas plus de 300 grammes d'azote organique et 10 grammes de graisses par mètre cube. On s'assurera, en outre, que les infiltrations souterraines ne pourront jamais contaminer des nappes d'eau servant à l'alimentation de sources ou de puits dans un rayon de plusieurs kilomètres alentour.

L'*épandage intensif sur sol nu* sera avantageusement employé par les villes dans le voisinage immédiat desquelles se trouvent des plaines sablonneuses non cultivables. Les déversements intermittents d'eaux d'égout sur ces plaines divisées en compartiments ou bassins alternativement irrigués peuvent alors être effectués à la dose de 40 litres par mètre carré et par jour, mais c'est là un maximum qu'il ne faudra pas dépasser. En réduisant ce taux d'irrigation intermittente à 20 litres, il sera le plus souvent possible d'utiliser bientôt les sables ainsi fertilisés à la culture du maïs fourrager ou du topinambour, ou, mieux encore, à l'établissement d'oseraies.

Dans toutes les circonstances où l'on serait conduit à adopter soit l'irrigation agricole, soit l'épandage intensif sur terrains sablonneux, avec ou sans les cultures susindiquées, il conviendra de solubiliser préalablement les matières organiques contenues dans les eaux d'égout, en faisant séjourner celles-ci pendant vingt-quatre heures dans des *fosses septiques*.

L'épuration par le sol s'effectuera alors dans des conditions parfaites, et on évitera tout colmatage par la suppression des boues. On réalisera du même coup une importante économie de main-d'œuvre qui compensera largement les frais de construction des fosses.

*
* *

Chaque fois que l'un des systèmes d'épuration qui précèdent ne s'imposera pas pour les raisons très spéciales que nous avons indiquées, on devra s'adresser de préférence aux procédés biologiques, parce qu'ils présentent le maximum d'efficacité avec le minimum de dépense.

Les procédés biologiques conviennent à merveille dans tous les cas où il s'agit de traiter des eaux de tout-à-l'égout de faible ou de moyenne concentration et contenant des matières de vidange.

Lorsqu'on aura à épurer de très grands volumes d'eau et qu'on n'éprouvera pas trop de difficultés à se procurer les surfaces nécessaires, on adoptera avantageusement la méthode de distribution intermittente sur *lits bactériens à double contact*. Avec cette méthode, aucun mécanisme n'est indispensable, aucun accident n'est à craindre et la marche de l'épuration reste très régulière en toutes saisons.

Ses seuls inconvénients sont :

1° Qu'elle nécessite une hauteur de chute de $2^m,5o$ environ pour les deux contacts, depuis le point de sortie des fosses septiques ;

2° Que le taux de l'épuration ne dépasse généralement pas 86 °/₀ et qu'elle fournit un débit maximum de 5oo litres par mètre carré de surface et par jour.

Lorsque l'épuration devra porter sur un volume inférieur à 10 000 mètres cubes par jour, il sera, la plupart du temps, plus avantageux de recourir aux *filtres bactériens à percolation* avec distributeurs automatiques (*Fiddian, sprinklers,* ou plus simplement *siphons à chasses intermittentes*).

Ces appareils peuvent fonctionner d'une manière très satisfaisante avec une hauteur de chute minima de $1^m,75$ à 2 mètres, et leur débit moyen s'élève à environ 1 mètre cube d'eau épurée par mètre carré de surface et par jour, avec un coefficient d'épuration pouvant atteindre 92 °/₀.

Soit que l'on choisisse les *lits bactériens à double contact,* soit que l'on préfère les *filtres à percolation,* il est essentiel de solubiliser préalablement et aussi complètement que possible, dans des fosses septiques bien construites, les matières organiques entraînées par les eaux d'égout. Plus cette solubilisation est parfaite, plus l'épuration finale est satisfaisante.

Dans tous les cas, on ne devra jamais considérer *comme potables* les eaux épurées par l'un quelconque des systèmes biologiques, pas plus d'ailleurs que celles épurées par les procédés chimiques ou par l'épandage. Ces eaux renferment toujours des microbes en plus ou moins grand nombre et quelques-uns de ceux-ci peuvent accidentellement appartenir à des espèces pathogènes.

S'il arrivait qu'on fût obligé de s'en servir immédiatement, ou de les déverser dans un cours d'eau à faible débit servant à l'alimentation d'une ville ou d'un village, ou dans la mer au voisinage de parcs à huîtres, il faudrait réaliser leur purification bactériologique complète soit par des filtres à sable fin (dont un type très recommandable est le filtre américain à grand débit *Jewel*), soit par les appareils beaucoup plus efficaces de stérilisation par l'ozone.

Hâtons-nous d'ajouter que la nécessité de cette épuration complémentaire ou de cette *stérilisation* des eaux d'égout épurées ne se présentera probablement nulle part et qu'il serait ridicule d'imposer sans raisons exceptionnellement graves aux municipalités ce luxe inutile et onéreux. La seule chose qu'on soit en droit d'exiger légitimement des villes est qu'elles rendent aux rivières ou aux fleuves des eaux dont le degré de pollution ne soit pas sensiblement plus élevé que celui des eaux qu'elles leur ont elles-mêmes empruntées.

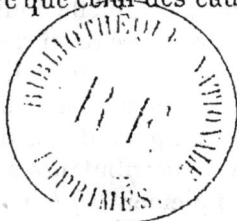

TABLE DES MATIÈRES

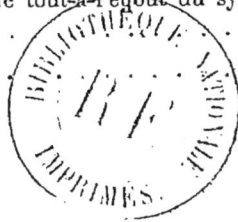

Nancy, impr. Berger-Levrault et Cie

www.ingramcontent.com/pod-product-compliance
Lightning Source LLC
Chambersburg PA
CBHW060739280326
41934CB00010B/2283